# La noche de Getsemaní

Massimo Recalcati

# La noche de Getsemaní

Traducción de Carlos Gumpert

EDITORIAL ANAGRAMA

BARCELONA

*Título de la edición original*:
La notte del Getsemani
© Giulio Eiunadi editore s.p.a.
Turín, 2019

*Ilustración*: «El beso de Judas» (1304-06), Giotto

*Primera edición: febrero 2024*

Diseño de la colección: lookatcia.com

© De la traducción, Carlos Gumpert, 2024

© EDITORIAL ANAGRAMA, S. A., 2024
Pau Claris, 172
08037 Barcelona

ISBN: 978-84-339-2227-4
Depósito legal: B. 21857-2023

Printed in Spain

Liberdúplex, S. L. U., ctra. BV 2249, km 7,4 - Polígono Torrentfondo
08791 Sant Llorenç d'Hortons

*A mis hermanas y a mis hermanos*
*del monasterio de Bose*

# INTRODUCCIÓN

Entonces los discípulos le abandonaron
todos y huyeron.

Mt 26, 56*

En la noche de Getsemaní, Jesús se nos aparece en
su más radical humanidad. En mayor grado incluso que
en la crucifixión, esa noche habla de la finitud vulnerable de la vida de Cristo, habla de nosotros, de nuestra
condición humana.

No están en primer plano ni el símbolo de la cruz
ni la inaudita violencia del suplicio, de la tortura y de
la muerte. En la noche de Getsemaní, el trágico ápice
aún no embiste el cuerpo de Cristo, aunque arremete
desde luego contra su alma. No hay clavos, látigos,
coronas de espinas, palizas, sino solo la pesadez de una
noche que no parece tener fin, la soledad inerme y ex-
traviada de la existencia que vive la experiencia de la
traición y del abandono. Esta noche no es la noche de
Dios, sino la noche del hombre. En ella se consuma la

* Las referencias bíblicas que recorren la obra han sido tomadas de la
Biblia de Jerusalén (2006). *(N. del T.)*

verdadera pasión de Cristo: Dios se retira al silencio abismal del cielo, sin ahorrar a su hijo predilecto la experiencia traumática de la caída y del absoluto abandono. A su lado solo quedan sus discípulos, quienes, sin embargo, en lugar de compartir su angustia, se hunden en el sueño o perjuran sobre su nombre renegando de él, como le sucede a Pedro, el más fiel entre ellos. A su lado solo quedan los soldados y sacerdotes del templo, que anhelan su captura y su muerte.

La gloria del Mesías aclamado en el momento de su entrada jubilosa en Jerusalén se transfigura abruptamente en la experiencia de una soledad extrema. Es el escándalo teológico que se le reprocha a Jesús: arrastrar a Dios hacia el hombre, confundir las carencias del hombre con las carencias de Dios; exponer al hombre a un mundo «sin Dios», a la libertad absoluta de la criatura empujada hasta el extremo de su irreductible lejanía de Dios.

En la noche de Getsemaní, Jesús no se nos aparece como el hijo de Dios, sino como un malhechor, un delincuente común, un blasfemo. Ningún milagro puede salvarlo; su vida se manifiesta en el estatuto trágico de una indefensión extrema. En primer plano no encontramos la experiencia de la palabra de Dios –de la palabra del Padre– que socorre al hijo, sino el silencio sin fondo de Dios, su infinita distancia del hijo entregado a las heridas de la traición, de la intriga política, de la caída, de la proximidad irreversible y angustiosa de la muerte.

10

En este libro trataremos de iluminar la escena de Getsemaní en todos sus entresijos. Pero ¿por qué volver a la noche de Getsemaní? Y, sobre todo, ¿por qué lo hace un psicoanalista? La respuesta para mí –o mejor dicho, *en mí mismo*– está clara: porque a través de esta escena el texto bíblico nos habla radicalmente del hombre, toca lo esencial de su condición, de la condición «sin Dios» del hombre, su fragilidad, sus carencias, sus tormentos. Las heridas del abandono y de la traición, la herida de la ineluctabilidad de la muerte, ¿no son acaso las más profundas heridas que debe soportar un ser humano? ¿No es aquí donde se manifiesta la dimensión más radical de un «negativo» que ninguna dialéctica puede redimir? ¿No se enfrenta constantemente acaso el psicoanálisis, en su práctica y en su teoría, con esta dimensión trágica y «negativa» de la vida?

Sin embargo, en las horas oscuras de esta noche, no solo nos topamos con nuestro dolor como hombres, sino también con una indicación decisiva para tratar de lidiar de modo afirmativo con el peso inevitable de lo «negativo». Eso es lo que defino como la «segunda plegaria» de Jesús. Getsemaní no es únicamente, en efecto, la noche del abandono absoluto y de la traición, de la postración ante el silencio de Dios y la violencia de la captura, sino que es asimismo la noche de la plegaria. En cualquier caso, Jesús no ora de una sola manera. En esa noche sabe hallar la raíz más profunda de la plegaria. Y solo gracias a esta experiencia consigue encontrar un pasaje que le consiente atravesar esa noche terrible: la plegaria no tanto como apelación dirigida al Otro –como solicitud de ayuda y consuelo, como súplica–, sino como entrega de uno mismo a su propio destino, a la Ley singular del propio deseo. ¿No es esta acaso la última palabra, la más profunda e inesperada, de Getsemaní? ¿Y no es esta la apuesta de todo camino humano en la vida?

Es este el punto más sensible donde la lección de Getsemaní se cruza, en mi opinión, con la del psicoanálisis: coincidir con el propio destino, tomar la decisión de entregarse a la propia historia, puesto que solo mediante esta entrega podemos reescribirla de manera única acogiendo la alteridad de la Ley que nos habita; asumir nuestra condición de carencia no como aflicción, sino como encuentro con lo que de verdad somos.

*Valchiusella, enero de 2019*

Este libro nace de una conferencia mía en el monasterio de Bose, celebrada el 25 de febrero de 2017, con el título «La lección de Getsemaní».

12

# LA CULPA DE LOS SACERDOTES

En el relato de los Evangelios, la experiencia de la noche de Getsemaní abre el ciclo de la pasión de Cristo. A sus espaldas queda la entrada jubilosa a Jerusalén, la luz de la ciudad que recibe con alborozo a su Mesías. Desarmado, sentado en un asna y un pollino, «hijo de animal de yugo», como cuenta Mateo (Mt 21, 5), Jesús de Nazaret entra en las murallas de la ciudad. El pueblo, el mismo que más tarde, en el momento de su pasión, exigirá con estruendo y violencia cargada de odio su muerte, lo recibe jubiloso, exaltando su gloria:

> La gente, muy numerosa, extendió sus mantos por el camino; otros cortaban ramas de los árboles y las tendían por el camino. Y la gente que iba delante y detrás de él gritaba: «¡Hosanna al Hijo de David! ¡Bendito el que viene en nombre del Señor! ¡Hosanna en las alturas!» (Mt 21, 8-9).

15

En el periodo que lo lleva del Hosanna entusiasta a la oscura angustia de Getsemaní, la predicación de Jesús se vuelve cada vez más agria y radical. La subversión cristiana arrolla la religión codificada de los sacerdotes y sus símbolos más tradicionales, entre los que se encuentra el Templo de Jerusalén. Aquí tocamos un punto clave de la experiencia de Jesús: la potencia de la palabra animada por la fe tiende a chocar contra su institucionalización. Es un tema que el psicoanálisis ha retomado con fuerza, por ejemplo, con Bion y Fachinelli: el *místico* entra siempre en una colisión conflictiva con el *religioso*. El ímpetu del deseo y de la pasión por la verdad chocan inevitablemente con el enroque de la institución que defiende y conserva su propia identidad sustrayéndola a toda forma de contaminación. Al mismo tiempo, cuando la fuerza libre de la palabra se institucionaliza, sometiéndose a la disciplina de un código establecido, corre siempre el riesgo de perder su propia potencia de generación. Es algo que queda testificado en la historia de las religiones y de toda forma de escuela: cuando una doctrina se institucionaliza tiende a perder el impulso auténtico del deseo y su capacidad de apertura. Su institucionalización coincide con un movimiento de cerrazón que se opone al movimiento de la palabra, que tiende, por el contrario, a abrirse y a ampliarse. El «organizar», como diría Pasolini, termina prevaleciendo en sentido único sobre la fuerza impulsora del «trashumanar».[1] Por esta razón, los

16

funcionarios sacerdotales del templo, los escribas y los maestros de la Ley se convierten en blancos privilegiados de la ira de Jesús. Al entrar en el Templo, transformado en un lugar de comercio y degradación, este, como nos cuenta Mateo, «echó fuera a todos los que vendían y compraban en el Templo; volcó las mesas de los cambistas y los puestos de los vendedores de palomas» (Mt 21, 12).

Jesús vacía el Templo de los objetos-ídolos que lo llenan, lo desaloja, vuelve a abrir su «vacío central» con el fin de que siga siendo un lugar de plegaria. No existe plegaria más que con la condición de un vacío central, de una experiencia de vaciamiento, de una aniquilación de la presencia fetichista del objeto.[2] Por este motivo, la institucionalización de la fe conlleva siempre el riesgo de su asimilación a un código formal de comportamiento o, como se cuenta en los Evangelios, a la silueta de una higuera estéril incapaz de generar frutos (Mt 21, 18-22). No es casualidad que Lacan asimile a Jesús con Sócrates partiendo precisamente de la potencia subversiva de su palabra, capaz de abrir una brecha en la vida de la ciudad.[3]

La culpa de los sacerdotes en el templo es la de ser la imagen de una fe que se ha olvidado de sí misma, que ha perdido contacto con la potencia del deseo, que se ha vuelto estéril en la gestión del poder; es la de no haber interpretado bien la apuesta de la herencia. ¿Quién es el heredero más justo? ¿Qué significa heredar? ¿Qué

17

significado tiene la herencia de la Ley? Esa es la mayor carencia de los sacerdotes: haberse limitado a interpretar la herencia como continuidad, como respuesta formal, como repetición ritual de lo Mismo aplastándola contra la mera preservación del pasado. Son, en las famosas palabras de Jesús,

> sepulcros blanqueados, que por fuera parecen hermosos, pero por dentro están llenos de huesos de muertos y de toda inmundicia (Mt 23, 27).

La auténtica herencia de la Ley –el legado de Abraham, Isaac y Jacob– no consiste en su repetición, en su clonación, en su conservación mortífera. Implica, muy al contrario, un movimiento hacia delante que aspira a llevar a cumplimiento la Ley sin reducirla a mero cuerpo muerto. Los sacerdotes del templo son asimilados por Jesús –en una parábola durísima que cuenta precisamente dentro de las murallas de la ciudad– a los viñadores que no reconocen haber recibido de su dueño las vides en las que trabajan. Esos labradores no respetan el contrato de arrendamiento que estipularon con el legítimo amo de la viña; maltratan y asesinan a los siervos que les envían en el momento de la vendimia para recolectar la parte que le corresponde al propietario (Mt 21, 33-36).

La herencia implica una discontinuidad en la continuidad, mientras que los viñadores homicidas reivindican únicamente un derecho obtuso de propiedad sin reconocer forma alguna de deuda simbólica. Olvidan la procedencia de la tierra en la que trabajan, olvidan el pacto simbólico que los ata al dueño de las vides. Por esa razón son malos herederos: pretenden apoderarse de la herencia en lugar de reconocer que esta es antes que nada la relación con nuestra propia procedencia, la responsabilidad de cultivar lo que hemos recibido del Otro sin dejar de reconocer, en todo caso, la deuda que tenemos con él.

El dueño de la parábola frente a la violencia de los labradores que han matado a sus mensajeros decide enviar a su único hijo a verlos con la intención de recoger la parte de los frutos de la finca que le corresponden y en la convicción de que frente a él —el heredero legítimo— no se atreverán a perpetrar la misma violencia. Pero los campesinos aprovechan la oportunidad para apoderarse definitivamente de la herencia matando sin piedad al hijo de su dueño (Mt 21, 37-39). La metáfora teológico-política está perfectamente clara aquí: los sacerdotes del templo son como los viñadores homicidas que reducen brutalmente el complejo movimiento de la herencia a una usurpación del significado más alto de la Ley, haciendo prevalecer sus propios intereses *contra* los de la Ley. Por eso, la parábola concluye con una advertencia: «Cuando venga, pues, el dueño de la viña, ¿qué hará con aquellos labradores?» (Mt 21, 40).

¿Cuál es el significado más estrictamente ético de

esta parábola? Para ser unos justos herederos es necesario reconocer la deuda simbólica que nos une a nuestra procedencia. El heredero justo es aquel que trabaja en lo que ha recibido con la libertad de generar frutos nuevos. Pero si no se reconoce la deuda, si la herencia se vuelve apropiación o usurpación, si la deuda es «traicionada», no habrá generatividad alguna sino únicamente muerte; la transmisión se convierte tan solo en transmisión de la violencia.

No es casualidad que esta parábola sea pronunciada por Jesús poco antes de la noche de Getsemaní. Con la figura del justo heredero brutalmente asesinado por los labradores nos adelanta el destino que se cierne sobre él mismo. Los fariseos y los escribas rechazan la palabra de Jesús, la viven como una amenaza. No responden a la llamada, no dan la bienvenida a la llegada del justo heredero entre ellos. Aferran en sus manos sus propiedades sin ver la deuda simbólica que los vincula con el padre. Matan al heredero justo para no poner patas arriba su poder; se crispan en la defensa de su propia identidad en lugar de dar la bienvenida a quien viene a traer una nueva imagen de la Ley. Porque su ortodoxia no es más que una higuera estéril, un campo muerto, la ausencia de esa levadura del deseo que es la única capaz de devolver la vida a la Ley, la cual, sin embargo, sin esta levadura, no es más que esas «cargas pesadas» echadas a «las espaldas de la gente» (Mt 23, 4), un peso sacrificial que oprime la vida.

En realidad, solo la llamada del deseo —encarnado por Jesús— acarrea la promesa de liberar la vida del peso sacrificial de la Ley: «Venid a mí todos los que estáis fatigados y sobrecargados, y yo os daré descanso» (Mt 11, 28).

# UNA DIVISORIA

La luz del Hosanna que lo había recibido a su entrada en Jerusalén declina rápidamente en la noche oscura de Getsemaní, que marca el comienzo de la pasión de Cristo. En el origen de este dramático pasaje se halla, según las Escrituras, la traición de Judas. Entre estos dos momentos se sitúa el rito conmovedor de la última cena con la revelación del gesto que Judas se dispone a realizar y que se consumará definitivamente en el huerto de Getsemaní con el reconocimiento y el prendimiento de Jesús.

La noche de Getsemaní se plantea como una divisoria en el relato de la vida de Jesús. Nunca hasta ese momento se había encontrado este de manera tan inequívoca frente a su propia vulnerabilidad; nunca hasta ese momento se había topado con el carácter finito de su existencia humana. La fuerza única y subversora de su palabra parece apagarse, la determinación taumatúrgica que lo ha impulsado a realizar milagros de todo tipo parece haberse agotado, la belleza de la vida que ha saboreado en todas sus formas parece haber llegado a su fin.

La hora de Getsemaní es la hora de la caída de Dios, o, mejor dicho, es la hora en la que el Dios cristiano se revela como «solo un hombre», radicalmente afectado por lo negativo. La hora de Getsemaní no es la hora de Dios, sino la del hombre. Es la hora en la que Dios se nos aparece desvestido; la hora de la caída de su gloria. Los acontecimientos que se suceden tras Getsemaní se nos aparecen ya todos escritos: la captura, el encuentro con los sacerdotes del Sanedrín, el juicio ante Pilatos, el Calvario, la crucifixión y la muerte. Las palmas que acompañan su entrada triunfal en Jerusalén se transforman en las armas de los soldados –bastones y espadas–, que en la oscuridad de Getsemaní apresan a Jesús como si de un malhechor cualquiera se tratara.

Para empezar a leer la noche de Getsemaní, es necesario subrayar la tensión entre la escena de la entrada de Jesús en Jerusalén, recibido por un pueblo exultante, y Getsemaní, cuando «su sudor», como escribe Lucas, «se hizo como gotas espesas de sangre que caían en tierra» (Lucas 22, 44). Es necesario insistir en la oposición dramatúrgica entre la escena de la entrada de Jesús en Jerusalén, rodeado por un pueblo que lo festeja, y el rostro iluminado por el sol y el sudor que se convierte en sangre, la cara aplastada contra el suelo en la plegaria y la desesperación de la noche de Getsemaní. Hemos de tener presente este neto contraste sin mediación que excava una discontinuidad entre la luz del día del Hosanna y la oscuridad de esa noche. No hay síntesis, no hay continuidad, no hay progresión posible. Muy al contrario, un desgarro, una laceración, una división. Al igual que cae la noche sobre la luz del día, así el silencio y la angustia parecen ocupar el lugar de la celebración del Mesías.

Ya no es el tiempo de la palabra que genera escándalo al predicar la verdad desconcertante de la venida de Dios al mundo en defensa de los últimos y de los humildes, de una Ley que ya no exige venganza ni castigo, sino solo la liberación del sacrificio y del miedo a la muerte. Para ser creíble, la predicación debe encontrar ahora su verdad en el testimonio. En la perspectiva de Jesús, en efecto, no hay verdad posible sin su testimonio. Esto significa que la verdad de la Palabra consiste solo en su encarnación. Esta es la hermenéutica ética radical del cristianismo: la letra sin testimonio es letra muerta; sin corazón −sin deseo− no existe posibilidad alguna de entender el sentido de la Ley.

La noche de Getsemaní acorrala el fuego de la palabra de Jesús en un rincón. ¿Es realmente posible superar la angustia, sustraerse a su peso, asumir la Ley del propio deseo rechazando la opresión sacrificial de la Ley? ¿Es posible testificar la potencia de la Palabra frente a la muerte?

La verdad de la palabra no es una verdad teórica,

general, abstracta, universal. En la noche de Getsemaní, Jesús pone a prueba su *propia* palabra; la somete a la prueba extrema de la angustia. No es casualidad que para Lacan la angustia implique siempre la confrontación del sujeto con su propio deseo; es la traducción subjetiva más radical del deseo.[4]

Solo al atravesar en solitario esa noche interminable es cuando la palabra de Jesús alcanza el lugar más alto de su manifestación. Si en sus últimas parábolas y predicaciones en Jerusalén el fuego de la palabra se había avivado con gran energía en las invectivas contra los llamados maestros de la Ley y en la evocación de otra posible forma de la Ley –liberada del peso inhumano de la Ley– ahora, en la noche de Getsemaní, solo queda el silencio. La parábola y la predicación dan paso a la plegaria.

Jesús es llamado a dar testimonio de la verdad de su propia palabra. De no haber atravesado la noche de Getsemaní, la caída y el abandono de Dios, de sus amigos y de sus discípulos, de no haber vivido, como diría Lacan, la experiencia de la inexistencia del Otro del Otro, ¿tendría la verdad de su palabra la misma fuerza?

¿No es acaso a partir de esa noche precisamente –de la noche de Getsemaní– cuando el testimonio de la verdad adquiere todo su valor? ¿No es precisamente esa noche la que ilumina la potencia de su palabra? ¿Es que acaso no ha venido Jesús a demostrar a los hombres –a todos los pecadores– que es posible vivir sin verse aplastados por el miedo a la Ley o, en otras palabras, por el miedo a la muerte? ¿No es la muerte el rostro más despiadado de la Ley? ¿No es acaso la travesía de este fantasma sacrificial la apuesta más alta de Getsemaní? ¿Es posible una Ley que no sea peso, opresión, patíbulo? ¿Es posible que la Ley sea un aliado y no un enemigo de la vida del deseo? ¿Es posible liberar la Ley del rostro meramente centrado en los deberes de la Ley?[5]

# LA CAÍDA

La noche de Getsemaní se abre con el anuncio de Jesús a sus discípulos acerca de su pasión inminente y de su muerte. Pero también de la traición por parte de todos sus discípulos y, en particular, de su discípulo más fiel, Pedro, aquel a quien Jesús ha confiado la herencia de su enseñanza. Continúa después con el hundimiento de Jesús en el momento de la angustia, de la soledad extrema y de la plegaria. Concluye, por último, con el beso de Judas y el prendimiento de Jesús.

En esta secuencia puede apreciarse esa metamorfosis progresiva en la que ya nos hemos detenido: la gloria del Mesías celebrada al entrar en Jerusalén da paso a la brutalidad del prendimiento, como si Jesús se hubiera convertido en un peligro público, en un bandido, en un hombre que atenta contra la Ley. Nada de cuanto ha dicho y hecho antes parece ser recordado. La caída de su gloria hasta morder el polvo parece borrar toda memoria. Es algo que todos hemos experimentado en nuestra vida: el tiempo de la aceptación y del éxito se olvida a toda prisa; la gloria del Mesías se ve resecada por la violencia irrefrenable de su caída.

A pesar de todo, la fuerza de la lección cristiana consiste en pensar que solo aquellos que conocen la caída pueden conocer su gloria. Esto significa que la plenitud de la vida no puede separarse del encuentro fatal con lo «negativo», cuya mayor expresión es la muerte. Esta es la puerta angosta por la que el propio Jesús –quien, no por casualidad, afirma ser él mismo «una puerta»–[6] debe pasar. Pero aquí ya no se trata únicamente de guiar a sus propias ovejas, como hace el buen pastor, para que pasen por la puerta del redil. En Getsemaní, ser una puerta impone la experiencia del testimonio. Ya no es solo un enunciado, un relato, una narración. Jesús se ve llamado a convertirse en la puerta de su propio deseo; Getsemaní es un pasaje necesario donde la fuerza de la palabra se topa con su prueba extrema. Donde el «decir» permanece testimonialmente unido al «hacer», a diferencia de lo que les sucede a los maestros de la Ley porque, contradiciendo la lógica del testimonio, «dicen y no hacen» (Mt 23, 1-12). Al disociar la verdad de la palabra de su necesaria encarnación, los sacerdotes representan la verdad sin hondura de una doctrina confinada en la erudición, estéril, tan solo cultual, formal. Muy al contrario, el tránsito de la noche de Getsemaní nos muestra que la palabra de Jesús mantiene una relación especial con la verdad. Esta dice lo que hace; no separa el decir del hacer.

Solo el testimonio del «hacer» singular puede demostrar que el «decir» tiene una relación cercana –interna y no extrínseca– con la verdad. En Getsemaní Jesús vive la experiencia de la Palabra que debe hacerse carne, que debe dar testimonio de su verdad. Es ese testimonio el objetivo de Jesús, no desde luego la obediencia masoquista en relación con una Ley que parece exigir solamente el sacrificio de su vida.

¿Qué importancia tiene, pues, mantener en tensión nuestro «decir» con nuestro «hacer»? ¿No es esta una fórmula cristiana para definir la vida ética? Tender a hacer coincidir el «decir» con el «hacer», para pensar la verdad solo como un testimonio singular en acto. Los valores no existen en un ámbito trascendental, incorpóreo: no son generalidades abstractas. Su única forma de existencia es la de la encarnación en los actos de una «singularidad insustituible». De hecho, solo a partir de esa «condición insustituible» –como afirma Derrida con toda razón–, «podemos hablar de persona responsable».[7]

Lo que está aquí en juego es un tránsito a través de una puerta angosta que permite alcanzar una vida más rica, más generativa, más viva, una vida caracterizada por una gran «abundancia» (Jn 10, 1-21). La responsabilidad no es, en efecto, la mortificación de la vida bajo el peso de la Ley del deber, sino una asunción del propio deseo, de la Ley del propio deseo. Ser una puerta permite el tránsito hacia una vida nueva, liberada de la maldición de la Ley. Por esta razón afirma Jesús de sí mismo que es una puerta, se identifica con esta posición, con el hecho de «volverse puerta». Pero no en un ámbito meramente teórico, especulativo. Él testifica con su propia vida lo que significa convertirse en una puerta o, mejor dicho, lo que significa pasar a través de la puerta que cada uno es para sí mismo: Jesús ofrece la posibilidad de una conversión de la vida en una vida más viva, más rica, más generativa.

En su pasión no hay rastro alguno de inmolación sacrificial, no hay genuflexión ante la Ley porque, como veremos en seguida, es en el nombre de la Ley –de la Ley del propio deseo– como Jesús lleva a cabo el acto de cruzar la puerta que lleva más allá del fantasma del sacrificio y del miedo a la muerte. De esta manera conduce la vida más allá de la muerte, más allá de la angustia frente a la Ley y la muerte. La vieja Ley es, en efecto, una figura de la mortificación: es en sí misma muerte. La vida nueva cuya existencia, en cambio, ha predicado Jesús es una vida que no está dominada ni por el miedo a la Ley ni por el miedo a la muerte. Jesús, en Getsemaní precisamente, se convierte en el acontecimiento mismo de la *puerta* que consiente a la vida ir más allá de la angustia de la muerte y la Ley, hasta el extremo de pensar que la propia muerte –más allá del fantasma que nos hace temblar frente a ella– puede devenir en la oportunidad para una transformación afirmativa de

36

la vida: «si el grano de trigo no cae en tierra y muere, queda él solo; pero si muere, da mucho fruto» (Jn 12, 24). De esta manera, Jesús puede donar su vida como si fuera verdaderamente una puerta, puede ser el primero que realice el tránsito a través del miedo a la muerte y a la Ley. En este sentido, el terrible ciclo de su pasión no queda dominado por la economía del sacrificio, sino por la donación incondicional de sí mismo.

Si la economía del sacrificio es, en efecto, una economía astuta de reembolso y compensación ilimitados, esa otra en la que nos introduce la puerta de Jesús es una clase diferente de economía, una economía de la abundancia y del deseo.[8] Su decisión en Getsemaní no es la de sacrificar su vida en el altar sombrío de la Ley, sino la de ofrecer, la de donar su propia vida, la de permanecer fiel a su propio deseo. Se trata de un gesto absoluto de libertad cuyo fundamento solo se encuentra en sí mismo. Todo acto de amor, si es realmente tal, es siempre absoluto, porque encuentra su satisfacción solo en el cumplimiento de sí mismo y no en la ganancia que el acto podría granjear, en un tiempo diferido, al propio acto. En su decisión de ir hasta el final, para conducir a cumplimiento su propio destino, no debe verse una renuncia sacrificial de sí mismo, sino más bien su realización plena porque, como dice Jesús, «Nadie me la quita (mi vida); yo la doy voluntariamente» (Jn 10, 18).

# EL TRAUMA DE LA TRAICIÓN

En la noche de Getsemaní, Jesús se enfrenta con tres experiencias radicales: la de la traición, la de la angustia frente a la propia muerte y, por último, la de la propia soledad y la de la plegaria.

La noche de Getsemaní se nos aparece como la noche de la traición. Las figuras que lo encarnan son, como es bien sabido, dos, aparentemente distantes y contrapuestas. Se trata de las figuras de Judas y de Pedro. ¿Qué los une y qué los separa? En primer lugar, los une el hecho de que ambos forman parte de los doce discípulos de Jesús. Pedro y Judas están entre los elegidos. Son dos de sus seguidores más próximos, sus apóstoles, sus compañeros de camino. Judas Iscariote no menos que Pedro. Se hallan entre los más cercanos a Jesús. Son figuras del amigo, del hermano, del discípulo. Lo que quiere decir que la experiencia más radical de traición no proviene nunca del desconocido, sino de quien está cerca —del más cercano—, de aquel en quien depositamos nuestra plena confianza.

La «traición» del desconocido solo puede tener la naturaleza del engaño. Engañar no implica amor alguno, cercanía alguna, proximidad alguna. Se trata solo de astucia cínica. El que urde el engaño no tiene vínculo emocional alguno con quien es engañado. Su gesto responde única y exclusivamente a un interés personal. Ningún pacto simbólico debe ser quebrado, ningún amor ofendido. El artífice del engaño obra con lucidez, sin pasión, sin ningún obstáculo afectivo porque la persona engañada no tiene valor alguno para él.

La verdadera traición se produce únicamente contra alguien muy cercano —es la traición del amigo, del hermano, del ser querido, del maestro—, contra aquel con quien estamos unidos por un pacto fundado en la palabra: «tú eres mi mujer», «tú eres mi maestro», «tú eres mi amigo». La verdadera traición, a diferencia del engaño, resquebraja siempre un pacto simbólico fundado en la ley de la palabra. Por este motivo, la traición adquiere siempre la naturaleza de trauma. Un desconocido nunca puede ser quien traiciona porque aquel que traiciona ha de tener siempre una intimidad particular con el traicionado; el traidor nunca es un extraño, sino, como nos enseña Jesús, aquel que mete su mano en el plato donde comemos. No existe la traición si no se da una proximidad entre el traidor y el traicionado. No existe una verdadera traición que no sea la traición del más cercano: del alumno contra su profesor o del maestro contra su alumno, del hijo contra el padre o del padre contra el hijo, del amado contra la amada o de la amada contra el amado. En definitiva, solo podemos traicionar a aquellos que realmente han depositado su confianza en nosotros, solo a quienes nos han reconocido como esenciales para su vida: a nuestro maestro, a nuestro amigo, a nuestra mujer, a nuestro hombre.

Se trata, dice Jesús, de uno de los doce porque, precisamente, «uno de vosotros me entregará» (Jn 13, 21). No son los sacerdotes del templo quienes lo traicionan, sino sus propios amigos, sus compañeros de viaje, sus más queridos discípulos, los más próximos a él. Jesús vive lo que vive a menudo un maestro: aquellos que lo han amado le dan la espalda, lo abandonan justo en el momento de mayor necesidad, en el momento en el que su gloria se ha empañado, en el que su nombre —el nombre del maestro— se ha convertido en un «escándalo».

# LA TRAICIÓN DE JUDAS

El texto bíblico sitúa la traición en una escena de los orígenes: la primera traición es la de Adán y Eva en perjuicio de Dios. La serpiente les da a entender que el límite que Dios ha impuesto a los seres humanos –no acceder al árbol del conocimiento– sirve en realidad para proteger sus privilegios y su goce egoísta. Cualquier deuda simbólica en relación con el Creador se cancela en nombre del derecho a la libertad de goce que Adán y Eva –impulsados por la malicia de la serpiente– reclaman. Dios no es aquel a quien ellos deben la vida, sino un obstáculo para su vida.[9]

El «traidor» se niega a reconocer la relación de deuda simbólica que lo vincula con el «traicionado»; se niega a reconocer el valor del regalo que ha recibido; el traicionado se ha convertido para el traidor, como lo demuestra claramente la escena matriz de Adán y Eva, en un mero obstáculo para la afirmación de la propia vida, en un lastre voluminoso que ha de soltar, del que debe deshacerse lo más rápidamente posible.

En la noche de Getsemaní, la escena de la traición se repite, sin embargo, de una manera mucho más rica en matices respecto a la escena original de la traición de Adán y Eva. Los traidores, Judas y Pedro, no son, en efecto, figuras semejantes, como las de Adán y Eva y, como era de esperar, su traición tendrá resultados profundamente diferentes. A medida que se aproxima el momento de la traición, Jesús señala, en el curso de la última cena, que el traidor no se halla fuera de nosotros, sino dentro de nosotros, *entre nosotros, uno de nosotros, próximo a nosotros.* Ha comido con nosotros, ha compartido la mesa con nosotros: «Mirad, la mano del que me entrega», dice Jesús, «está aquí conmigo sobre la mesa» (Lc 22, 21).

¿Qué puede haber más íntimo que el comer en un mismo plato, que el comer juntos, que el compartir la misma mesa? Quien traiciona no viene de otra casa, sino que habita en nuestra propia casa. La última cena es la última porque alguien ha traicionado, ha roto el pacto simbólico que vinculaba a los doce, ha disuelto la comensalía simbólica de estar juntos en la mesa. La vida de la comunidad de los discípulos y de su Maestro deja de ser posible porque el pacto de la palabra se ha desbaratado. Esa es la manera que Jesús tiene de evocar la figura de Judas. Es uno de vosotros, es uno de nosotros, es alguien cercano a nosotros, no es un enemigo, sino un amigo, un hermano, un discípulo. La angustia se extiende entonces como un espectro entre los discípulos: ¿quién es el traidor?, se preguntan, mirándose desconcertados unos a los otros. La fiesta de la Pascua se convierte en una pesadilla: *¿quién de nosotros ha traicionado al Maestro?*

Debemos insistir en la escena de esta traición. Tiene lugar durante la cena que celebra la festividad pascual. Es una cena íntima en la que el Maestro comparte la mesa con sus discípulos. No ha de verse de ninguna manera como algo secundario: la traición se produce mientras se reparte el pan, mientras todos comen juntos. Se produce en la intimidad del banquete. No es casualidad que Juan recoja el episodio en el que Jesús reconoce a Judas como traidor mientras lo invita a comer un bocado mojado en su propio plato (Jn 13, 18-30). Marcos también lo repite: el traidor es «uno de los Doce que moja conmigo en el mismo plato» (Mc 14, 20). El traidor come en el mismo plato que el Maestro; se ha alimentado de su palabra, se ha beneficiado de su enseñanza, ha compartido la misma mesa. Y ahora quiere destruir a su maestro, escupe en la palabra que lo ha formado, no muestra gratitud alguna por lo que ha recibido, no reconoce ninguna forma de deuda.

En este sentido, Judas es una figura muy distinta de los acusadores de Sócrates, tal como los describe Platón en la *Apología de Sócrates*. También en ese caso un maestro toma la decisión de no retroceder ante la posibilidad

49

de su muerte en nombre de la verdad. Sócrates, en efecto, ofrece su vida para demostrar la condición irrenunciable de la búsqueda de la verdad. Ni siquiera el miedo a la muerte es suficiente para doblegar la coherencia del maestro. Lo que realmente importa no es vivir, sino responder al propio deseo. Lo que realmente importa no es el «riesgo de vivir o morir», sino examinar si al obrar se hacen «cosas justas o injustas», si el cuidado de su alma cuenta más que el de los cuerpos o los bienes.[10]

Sócrates no comparte nada con sus implacables acusadores. No hay ninguna cena, ninguna ruptura del pacto, ninguna traición. Sócrates es acusado taimadamente de corromper a la juventud de Atenas por hombres que temen –al igual que los sacerdotes en el caso de Jesús– la excesiva influencia de la palabra subversiva del maestro en la vida de la ciudad. Es indudable que las calumnias a las que se ve sometido nos recuerdan a las que también Jesús tuvo que soportar. Pero Sócrates, con tal de no renunciar a la verdad de su palabra, escoge renunciar a su propia vida. Sin embargo, su testimonio ético no implica el trauma de la traición tal como lo vivió Jesús.

A diferencia de Sócrates, lo que hallamos en referencia a Jesús, en el corazón de la noche de Getsemaní, no es la oposición ética entre la Ley de la palabra y la de la ciudad, sino por encima de todo la humanísima experiencia de la traición. Mientras el caso de Sócrates se concluye con el gesto épico del maestro que bebe la copa de cicuta para testificar hasta su último aliento el valor irreductible de la palabra consagrada a la búsqueda de la verdad, la última cena de Jesús termina con Judas alejándose en la noche después de haber traicionado en la intimidad a su maestro. La pasión de Jesús no termina sino que *empieza* con el gesto de Judas. Mientras que el acto final de Sócrates eleva la figura del maestro a la dignidad gloriosa de un icono en un acto que pretende honrar la dimensión divina de la verdad, Judas, malvendiendo la vida de su maestro por treinta denarios apenas –la suma con la que en aquel entonces era posible comprar un esclavo– desclasa el nombre de Jesús al de un delincuente común. En el primer caso asistimos a la elevación del maestro, en el segundo caso a su degradación.

¿Qué determina, sin embargo, la traición de Judas? Él estaba, como todos los demás discípulos, profundamente enamorado de Jesús. La vida de su maestro ha sido para él, como para todos sus demás hermanos, un imán que ha polarizado su propia vida. Su palabra tenía la fuerza de una llamada irresistible. Jesús es un maestro que sabe provocar grandes pasiones. Provoca amor y deseo en quienes escuchan su palabra. Y el deseo, como recuerda Lacan, es una fuerza excéntrica y subversiva que causa «un trastorno permanente dentro de un cuerpo sujeto al estatuto de la adaptación».[11] En el psicoanálisis hablamos de la capacidad de causar transferencia,

*Übertragung.* Esta palabra alemana, acuñada por Freud para definir la particular relación afectiva y epistémica que une al paciente con su psicoanalista, puede traducirse al castellano, con el término «transportar». Jesús, como Sócrates, es un maestro que sabe provocar la transferencia, el movimiento, el enardecimiento, el reinicio, es decir, transportar en el doble sentido que la lengua española, en efecto, otorga a este término: «poner en movimiento» y «caer en un éxtasis». Podemos leer de esta forma, por ejemplo, todos los episodios de las resurrecciones que constelan los relatos de los evangelistas. Frente al cuerpo muerto de la hija de la viuda, del centurión o de Lázaro, la palabra que Jesús pronuncia es siempre la misma: *Kum!*, «¡Levántate!», ¡pon otra vez tu vida en movimiento, comienza a vivir de nuevo, vuelve a empezar!

Jesús es, por lo tanto, una figura radical del deseo.[12] Si el deseo es una fuerza que mueve la vida, que hace viva la vida, él es la máxima encarnación de esta fuerza hasta el extremo de arrancar literalmente la vida de las tenazas de la muerte, de devolver la vida a la vida, de no dejar nunca que sea la muerte la última palabra por encima de la vida. No es casualidad que Jesús se defina como aquel que ha venido a traer el fuego: «Yo soy el Camino, la Verdad y la Vida» (Jn 14, 6), como la encarnación más pura de la Ley del deseo. Mientras Sócrates aspira a honrar la Ley de la palabra, del discurso, del *logos*, renunciando a su vida en nombre de la Verdad, Jesús elige el camino del testimonio: la vida es más fuerte y más grande que la muerte, el odio y la destrucción. A diferencia de Sócrates, es la Palabra la que se hace carne y no la carne la que se sacrifica por la Palabra.

Judas y Pedro han respondido juntos a la llamada de Jesús. Abrazaron su palabra. Se han definido como discípulos al reconocer en Jesús a su maestro común. Son hermanos de leche; han reconocido que en esa palabra lo que estaba en juego era una verdad radical. Judas, por lo tanto, no es el maligno, no es el diablo, no es Satanás. Por encima de todo, es un enamorado de su maestro.

¿El trauma de la traición implica siempre una decepción de amor? ¿Una caída de la idealización? Tal vez esperara Judas algo de Jesús que no pertenecía al ser de Jesús. Su amor idealizado no podía tener en cuenta –pues ningún amor idealizado puede hacerlo– la heterogeneidad que desune el ser del Maestro del ser del discípulo y de lo que este espera del Maestro. El enamoramiento idealizador excluye la otredad del Otro, pretende que esa otredad coincida plenamente con la representación narcisista del amado.

De forma más radical, en la lectura de los Evangelios, Judas se nos aparece como la encarnación del *político*. Ha estado esperando algo de su maestro, un gesto políticamente nítido, un acto público en favor de su pueblo que no ha llegado. ¿Querría que Jesús respondiera a su solicitud para la liberación de Palestina de la dominación

53

romana?[13] Es indudable que Judas pretende que la predicación de Jesús se alinee políticamente con la defensa de los pobres y los explotados. Hay una escena de los Evangelios que resulta muy elocuente desde este punto de vista. En ella se desvela con toda claridad el deseo de Judas como deseo del «político». En esta escena, que tiene lugar en la casa de Simón el leproso, en Betania, una mujer le ofrece a Jesús un perfume preciado y muy caro con el que le unge la cabeza. Frente a «este despilfarro» (Mc 14, 4), es el mismo Judas Iscariote quien plantea una dura objeción política a Jesús: «¿Por qué no se ha vendido este perfume por trescientos denarios y se ha dado a los pobres?» (Jn 12, 5). ¡Podríamos haber dado de comer a los pobres en lugar de deleitar a nuestro maestro con un bien superfluo!

El razonamiento político de Judas sitúa en el centro la dimensión universal de la justicia social. Su exigencia es la de no transigir frente a una necesaria redistribución más justa de la riqueza. Jesús, sin embargo, no parece ser sensible –al menos a los ojos de Judas– a esta solicitud, sino que la defrauda. Está claro que no puede ser él el líder palestino de un movimiento político que reclama justicia social. De ahí la curvatura negativa de la transferencia de Judas hacia su maestro y la inevitable de-suposición del saber: en efecto, mientras que, como explica el psicoanálisis, la transferencia positiva instituye al Maestro como un «sujeto supuesto saber», la transferencia negativa –la transición del amor al odio–

tiene como efecto fundamental la caída de la suposición de saber, una de-suposición del saber del Maestro.[14] Jesús ya no sabe lo que hace, ha sido víctima de su fantasma narcisista, ha perdido su brújula ética, se ha dejado desviar, piensa solo en sí mismo y en su imagen, se deja recubrir de atenciones por parte de una mujer que rocía un perfume precioso sobre su cabeza, llenándolo de lágrimas y de besos, olvidando que su misión es ayudar a los últimos y a los necesitados. Su acción diverge de su palabra, su mirada está cegada, ha perdido su lucidez, ya no es capaz de ver con claridad. Es Jesús, en opinión de Judas, quien ha traicionado la Causa.

La radicalidad de la crítica política de Judas no ha de ser subestimada de ninguna manera, pero más allá de los contenidos que propone, presenta un vicio de origen; brota tan solo de la herida del amor desilusionado del alumno hacia su maestro. ¿No es acaso, en efecto, a causa de la rabia que siente y que ha provocado en él el «despilfarro» cometido por la mujer de Betania por lo que Judas –el «político»– decide ir, como cuenta Marcos (Mc 14, 10-11), y también Juan a su manera (Jn 12, 1-11), a ver a los principales sacerdotes para entregarles a Jesús, para malvender la vida de su maestro y traicionarlo definitivamente? El amor, como sucede a menudo en las relaciones entre profesor y alumno, se ha convertido en odio. Judas quiere la muerte, la eliminación de quien ha decepcionado su amor. Pero en su transferencia negativa hacia Jesús parece haber olvidado un lado esencial de la predicación de su maestro: el individuo, la persona, el sujeto singular es lo *insacrificable* que precede –que viene antes– a toda valoración universal; la verdad, en otras palabras, tiene siempre el rostro singular del prójimo y no el genérico de la humanidad o de la pobreza.

El discurso de Jesús en la casa de Betania reafirma esa diferencia entre su palabra y las razones de la política. En él invita con firmeza a quienes lo critican a tomar en consideración el gesto de amor singular de esa mujer, en cómo demuestra saber realmente cuidar de él. Jesús contrapone la dimensión necesariamente universal de la política con la experiencia necesariamente singular de la propia vida y de la propia muerte:

Dejadla. ¿Por qué la molestáis, si ha hecho una obra buena en mí? Porque pobres tendréis siempre con vosotros y podréis hacerles bien cuando queráis, pero a mí no me tendréis siempre (Mc 14, 6-7).

La mujer ha hecho todo lo posible para aliviar el dolor y la angustia que van creciendo en Jesús. Su amor es grande y sin límites; su entrega es desinteresada y generosa; sus cuidados son la expresión de su amor por el Maestro. No calcula el coste de sus preciosos ungüentos, no valora la oportunidad de sus gestos. Ama como las mujeres saben amar; su gesto de atención está lejos de ser anónimo, pues consigue que sea particularizado, lo instituye como una auténtica excepción, como un regalo activo. No resulta casual que un hilo común conecte el gesto de esa mujer de Betania que unge con un aceite perfumado y precioso la cabeza de Jesús con el de la viuda que da todo cuanto posee al Templo (Mc 12, 41-44). En ambos gestos hallamos en primer plano un amor que no conoce límites, que va más allá del cálculo económico y raya en el derroche absoluto, pues sabe, según una bien conocida definición del amor propuesta por Lacan, «dar lo que no se tiene». Donando cuanto posee, la viuda ofrece su indefensa carencia, mientras que aquellos que ofrecen solo lo superfluo no viven en absoluto la experiencia de la carencia y, como consecuencia, no saben lo que es el amor. Esa es la razón, pues, por la que el gesto de la mujer de Betania, que Judas, el «político», ve solo como un simple «despilfarro» de recursos, como un efecto del narcisismo encandilado de Jesús, adquiere el valor único del regalo, de una oferta generosa de sí misma que va más allá del marco estéril del beneficio. El «político», sin embargo, es incapaz de subordinar sus razones universales al nombre propio del sujeto, como en cambio todo acto de atención y de amor es capaz de hacer. Judas se mantiene firme en sus convicciones: ha sido Jesús el primero en traicionar y debe ser traicionado a su vez para que se haga justicia.

La palabra de Jesús ya no se corresponde con la exigencia política de Judas. No está completamente imbuida de lo político como en cambio Judas el zelote hubiera deseado. Ese es el sentimiento fundamental que recorre la escena de la mujer de Betania: la decepción del discípulo traicionado por el maestro. El discípulo no soporta la desilusión que siente hacia su maestro porque no puede soportar su alteridad, la libertad irreductible de su palabra, la no coincidencia entre su ser y sus propias expectativas o, por lo tanto, en última instancia, la vulnerabilidad, la humanidad, la castración del propio maestro.

Si es al salir de la casa de Betania cuando Judas decide vender la vida de Jesús, entregársela a los sacerdotes (Mc 14, 10-11), no es por impulso reactivo, fruto de un gesto de rabia. La decisión de Judas ha de leerse más bien como el resultado de una de-suposición del saber que ha desgastado a lo largo del tiempo su relación con el Maestro, de una conspiración sedimentada, del resultado de una auténtica voluntad de eliminar el cuerpo y la palabra del Maestro que se ha convertido en motivo de escándalo para él. Cada vez que un discípulo traiciona al Maestro al subestimar toda forma de deuda respecto a él, es porque ya no lo reconoce como maestro, porque ha dejado de alimentarse de su pecho, porque la vida del Maestro se ha convertido en una sombra insoportable de la que siente la necesidad de liberarse.

La mente de Judas se ve ofuscada por la necesidad de su propia autonomía y libertad como si su existencia dependiera de la muerte del Maestro, de su eliminación. Este es el fantasma envidioso que lo ofusca. No hay en él sentimientos de reconocimiento, de gratitud, de percepción de la deuda simbólica que lo vincula a Jesús. Cuando en el huerto de Getsemaní se produce el prendimiento de Jesús, es el propio Judas quien besa a su maestro para que sea reconocido: «Y al instante se acercó a Jesús y dijo: "¡Salve, Rabbí!", y le dio un beso» (Mt 26, 49). Incluso de este último gesto de saludo («¡Salve, Rabbí!») se desprende la transferencia negativa del discípulo decepcionado hacia su maestro. Al llamarlo «Rabbí», Judas pretende subestimar intencionalmente el carácter único, absoluto e incomparable de Jesús. Lo llama simplemente «Rabbí» identificándolo con un rabbí cualquiera, como tantos otros. Jesús ya no es para él el Señor, «el Camino, la Verdad y la Vida», sino un peso del que quiere liberarse.

«¡Amigo, a lo que estás aquí!», le responde Jesús (Mt 26, 50). Es la victoria agresiva del discípulo sobre el maestro. Judas revierte violentamente su relación de descendencia, la deuda simbólica que lo vinculaba a Jesús. El Maestro ha sido degradado, depuesto de su posición como maestro, malvendido, renegado, entregado, traicionado. Su palabra no contiene ya verdad alguna; su vida no vale más que treinta denarios.

# LAS LÁGRIMAS DE PEDRO

El destino de un maestro, ¿está siempre llamado a decepcionar a sus alumnos? ¿Es el destino del vínculo con un maestro necesariamente parricida? Conseguir la piel del maestro, denigrar su palabra, malvenderlo, renegar de él, traicionarlo, ¿es el deseo inconsciente de todo discípulo?

La traición de Judas saca a la luz estas escabrosas preguntas. ¿No se ha dicho, sin embargo, que si Judas traiciona es fundamentalmente porque se siente traicionado? ¿Porque Jesús no ha respondido, como él esperaba, a sus aspiraciones políticas? ¿Porque no quiso doblegar su palabra a la urgencia de la reivindicación política, de la liberación militar de Palestina del dominio romano? La traición del discípulo contra el maestro se justifica a menudo mediante el sentimiento de que una promesa —la que encarnaba el maestro— ha sido traicionada. ¿Y no es Jesús por encima de todo, en opinión de Judas, quien ha traicionado la promesa?

En el caso de Judas, el amor desilusionado se transforma en odio, su lealtad en infidelidad. Judas no es Satanás sino un mal heredero, antes que nada. Los malos herederos –como los viñadores homicidas de la parábola de Jesús– se niegan a saldar la deuda con su amo porque pretenden quedar libres de deudas, ser propietarios de una propiedad que no les pertenece, absolutamente libres. No quieren reconocer su descendencia. Interpretan malintencionadamente la herencia como usurpación violenta. Los viñadores homicidas, como hemos visto, le sirven a Jesús para señalar a los sacerdotes del templo, a los fariseos y a los escribas que han usurpado la palabra de Dios y no han reconocido a su hijo. Una vez más, lo que se muestra en primer plano en este caso es la traición de un pacto simbólico. A los labradores rebeldes –al igual que a Judas Iscariote– les gustaría borrar toda forma de dependencia y de deuda.

Un caso muy distinto es la traición de Pedro. La distancia salta inmediatamente a la vista: Judas, a diferencia de Pedro, urde un complot, medita su agresiva venganza contra el Maestro que lo ha decepcionado; Pedro, por el contrario, traiciona por miedo, por debilidad, por humanísima fragilidad. Si en el caso de Judas la traición no se vive en absoluto como un gesto de impotencia, sino como el resultado afirmativo de un plan, como un gesto de liberación de una dependencia que se ha vuelto sofocante, en el de Pedro su traición lo sitúa frente a su propia carencia, frente a su absoluta e inerme falta de fiabilidad. La traición de Pedro es mucho más desconcertante que la de Judas. Porque la de Judas coincide con su propio destino, es una suerte de traición necesaria, es una traición deseada, decidida, asumida, mientras que la de Pedro entra en disonancia con su propio ser, es antes que nada una traición a sí mismo.

El trauma de la traición no es para Jesús el de la transferencia negativa de Judas, sino el de su amado Pedro, el de su discípulo más fiel. La verdadera traición no es la del «político», sino la del discípulo que Jesús ha nombrado como heredero suyo. La verdadera traición no es la de Judas, sino la de Pedro; la verdadera traición es siempre la traición –como le sucede a Pedro– del propio deseo.

Al terminar la última cena, Jesús y sus seguidores se encaminan hacia el monte de los Olivos. Mientras tanto, Judas ya se había hundido en su abismo. Las primeras palabras que el Maestro dirige a los discípulos que han decidido quedarse con él son desconcertantes: todos vosotros tropezaréis conmigo, con mi cuerpo, «todos vosotros vais a escandalizaros de mí esta noche» (Mt 26, 31).[15] En la hora más difícil para Jesús todos sus discípulos se apartarán de él dejándolo solo. Tropezarán con el cuerpo abandonado, renegado, malvendido de su maestro. Pero ante la profecía de Jesús, Pedro es aquel que reacciona con el mayor ímpetu, reafirmando su amor fiel e inquebrantable. No yo, yo no desde luego, no seré yo quien viva tu presencia como motivo de escándalo. Y, sin embargo, su traición ha sido prevista con certeza por Jesús, quien echa más leña al fuego volviéndose directamente al apóstol. Tu lealtad es una lealtad de paja: «Yo te aseguro: esta misma noche, antes que el gallo cante, me habrás negado tres veces» (Mt 26, 34).

La traición de Pedro es la más dolorosa porque Pedro ha sido elegido por Jesús como su heredero en la tierra, como la piedra sobre la que sustentar la nueva comunidad que se reúne bajo su nombre. Jesús anuncia a Pedro y a todos sus seguidores su traición inminente: os mostraréis indiferentes a mi soledad extrema, os escandalizaréis de mí, me negaréis, tropezaréis con mi cuerpo.

El gesto de Pedro, quizá incluso más que el de Judas, nos sigue planteando interrogantes todavía hoy. Pedro es sincero cuando afirma su amor y es sincero también cuando afirma su lealtad hacia Jesús. No hay rastro de mentiras en sus palabras, de reivindicación, de crítica, de hostilidad; no hay transferencia negativa alguna. Su amor no es un amor desilusionado como el de Judas. Es un amor sólido, fuerte, pleno y determinado. Pedro, a diferencia de Judas, afirma la lealtad granítica y la enorme fuerza de su amor. ¿Cuánta fuerza encontramos en Pedro? «Aunque todos tropiecen contigo, aunque el vínculo contigo se convierta para todos en motivo de escándalo, yo nunca te traicionaré, yo no me apartaré nunca de ti», parece decir. «Aunque todos se escandalicen de ti, yo nunca me escandalizaré. [...] Aunque tenga que morir contigo, yo no te negaré», declara Pedro con decisión (Mt 26, 32-35).

Su declaración de amor no ofrece resquicios de dudas. Debemos recordar la característica solidez de la fe de Pedro. Y gracias a eso él, Simón, se convierte en Pedro a los ojos de Jesús. «Y vosotros, ¿quién decís que soy yo?», les pregunta una vez a sus discípulos, y ante el atónito silencio de la mayoría, solo Pedro sabe responderle, sin indecisiones: «Tú eres el Cristo, el Hijo de Dios vivo» (Mt 16, 15-16). La fuerza de Pedro es la fuerza de la desnuda fe que excede a todo cálculo, a todo programa, a toda estrategia. La fe de Pedro es la fe que hallamos presente en toda auténtica declaración de amor. Jesús escoge a Pedro entre los doce precisamente porque Pedro es el hombre de la fe: «tú eres Pedro, y sobre esta piedra edificaré mi Iglesia, y las puertas del Hades no prevalecerán contra ella» (Mt 16, 18). Pedro recibe las llaves del Reino gracias a su fe, gracias a su amor desinteresado. La confianza que Jesús pone en él es absoluta.

Así pues, debemos vincular estas dos escenas: la escena del reconocimiento, de la palabra plena que ratifica al Uno como discípulo del Otro y al Otro como Maestro del Uno —Pedro reconoce en Jesús al hijo de Dios y Jesús reconoce en Pedro la piedra de su Iglesia—, con la escena en la que Jesús anuncia la inminente triple traición de Pedro. Si Pedro es el hombre de la fe, si es el hombre cuyo deseo adquiere la forma radical de la desnuda fe en la palabra del Maestro y en su promesa, si su amor es fuerte y puro, es precisamente esta fe la que Jesús descubre como vulnerable e incierta. Antes de que el gallo cante, tres veces, Pedro traicionará a su Maestro, renegará de él. El escándalo está a la vista de los doce: Pedro –en la noche de Getsemaní– se parece enormemente a Judas. Algo que resulta desconcertante. Jesús acaba de sufrir la traición de Judas, acaba de ser vendido a los sacerdotes e inmediatamente después tiene que sufrir otra ofensa, la más dolorosa, la de ser traicionado por su discípulo de mayor confianza y más considerado.

La distancia abismal que separa a Pedro de Judas parece diluirse en la espesa oscuridad, las dos figuras parecen superponerse. Pedro traiciona no solo una vez, sino varias veces, tres veces nada menos, en unas pocas horas. Su fe, que parecía hecha de granito, se deshace, se desmenuza, cede a los primeros golpes, se descompone. ¿Cómo es posible que ocurra algo así? Él, a diferencia de Judas, no confabula, no trama nada a sus espaldas, no critica, no subestima, sino que honra sinceramente la palabra del Maestro. A través de la traición de Pedro, Jesús está destituyendo toda idealización heroica de la lealtad. Quiere demostrar que incluso el amor más sólido –por ser humano– puede caer, resbalar, traicionar su propia causa. ¿Es que Pedro no refleja acaso la ambivalencia dramática que recorre todo vínculo de amor? Dice la verdad cuando afirma sin vacilación su amor, y sin embargo es incapaz de superar la prueba de este amor. Su traición revela una contradicción que pertenece al ser humano: no siempre nos mostramos a la altura de nuestro amor, no siempre somos coherentes con nuestro deseo. ¿Es posible no estar a la altura, no ser capaz de superar las pruebas que el amor nos demanda? El gesto, tan humano, de Pedro nos enseña que la fragilidad y la contradicción también pertenecen al amor más puro, al deseo más firme, que la vida humana siempre está expuesta al riesgo del extravío y de la desbandada. No obstante, es precisamente en este pico decisivo donde se pone de manifiesto la profunda diferencia que separa la traición de Pedro de la de Judas, que, incluso en la oscuridad de la noche, nos permite no confundir sus siluetas. Mientras este último, frente al horror de su gesto, elige el camino sin retorno del suicidio, Pedro llora. Y hemos de imaginárnoslas, tenemos que tratar de imaginarnos realmente las lágrimas de Pedro. Otra contradicción muy humana: la que hay entre la fuerza y la debilidad, entre el ánimo decidido, convencido e impetuoso del discípulo designado como sucesor y su fragilidad, su inseguridad, su escisión. Sin embargo, son precisamente las lágrimas de Pedro las que otorgan a su traición un significado diferente, las que nos permiten leer esa traición bajo una nueva luz. Después del tercer juramento falso mediante el que Pedro se esfuerza por no ser identificado como discípulo de Jesús ante algunas personas que lo han reconocido como tal, con el canto del gallo, al darse cuenta de la verdad de la profecía de Jesús y de la traición repetida nada menos que tres veces, *lloró amargamente* (Mt 26, 75). Son, por lo tanto, las lágrimas y no la palabra falsa, la mentira, la negación de Jesús, el último gesto de Pedro. Estas lágrimas son profundamente diferentes del gesto suicida de Judas. Estas lágrimas mantienen abierta una posibilidad que el acto del suicidio, por el contrario, hace imposible, porque en ese caso la muerte sucede a la vida y concluye todo discurso. El llanto, en cambio, muestra la humanidad vulnerable de Pedro, su carencia y su división y consiente la reapertura del contacto con el Otro.

Las lágrimas de Pedro nos enseñan algo esencial acerca del amor humano. Resulta siempre posible caer en el abismo de la traición, no ser coherente con la propia palabra, contradecirse, cometer errores, fallar, traicionar el propio deseo. Pero saber comprender la incoherencia de uno mismo, la contradicción de uno mismo, el error de uno mismo, el fracaso de uno mismo, la traición de uno mismo no impide el amor, sino que lo cimienta, lo hace posible, lo instituye. El llanto de Pedro no muestra el final de un amor, sino su reinicio después de la caída. El amor ideal no existe, el amor sin carencia y sin contradicción no pertenece a la vida humana. La enseñanza más alta de las lágrimas de Pedro consiste en aceptar y no rechazar su propia carencia, en no renegar de ella como sí renegó en cambio de su maestro. En hacer de su propia carencia los cimientos nuevos de su amor.

# EL ABSOLUTO ABANDONO

En la noche de Getsemaní, la experiencia crucial para Jesús es la de la angustia de la muerte. Hasta ese momento, no la había vivido nunca. No es en la cruz donde aparece por primera vez, sino que se le presenta antes en la soledad de Getsemaní. Esa noche vemos el cuerpo de Jesús como no lo habíamos visto hasta entonces. Es un cuerpo que tiembla, que llora, que suda sangre, es un cuerpo aplastado por la angustia. Su alma «está triste hasta el punto de morir» (Mt 26, 38).

Por eso también Jesús, de la misma manera que Pedro, se siente tentado por la traición. No quiere morir, no quiere secundar el designio del Padre; quiere seguir viviendo. Su destino le parece demasiado pesado: el prendimiento, el juicio, la crucifixión, la muerte. Lo considera todo insoportable e injusto. Debemos leer el tormento de Jesús como el tormento de todos los seres humanos frente a la cita ineludible con su propia muerte.

Jesús, en su angustia ante la muerte, se descubre a sí mismo añorando y exaltando la belleza y el encanto de la vida. No encontramos nunca, en ninguno de sus sermones, la negación espiritualista y ascética de la vida, sino más bien su exaltación como regalo.[16] Por tal motivo, por ese apego suyo a la vida, la tribulación de Jesús en la noche de Getsemaní se revela como lo exactamente contrario a la serenidad del mártir religioso o del héroe griego, como sucede, por ejemplo, con Sócrates o Antígona. Se nos aparece escindido, quebrado, afligido, envuelto en una «tristeza mortal» precisamente porque no quiere morir, no quiere sacrificar su vida a la Ley, precisamente porque quiere seguir viviendo. El amor que siente por el mundo es demasiado grande. Toda su predicación, en efecto, se ha levantado, como hemos visto, contra toda concepción patibularia-sacrificial de la Ley; en su aspiración de abolir la Ley como peso, opresión, violencia contra la vida, pretende luchar contra todo gnosticismo que separa la vida de los cuerpos y del mundo de la vida del espíritu y del alma.[17] Nada más claro que esto: «He venido a abolir los sacrificios y, si no dejáis de sacrificar, no se apartará de vosotros mi ira».[18]

La angustia de Jesús exuda su pasión (antisacrificial) por la vida. Para quienes han saboreado el encanto de la vida, la muerte nunca deja de ser, en efecto, un hecho contranatural, una maldición insoportable. Jesús quiere vivir porque su palabra no es una palabra de muerte,

74

sino de vida. De ahí el tono de su antinihilismo fundamental. El temblor de Jesús no está relacionado con la pérdida de algo del mundo, sino de su estar en el mundo. Por mucho que él, como repite, no sea todo *del* mundo, sí que lo es todo *en el* mundo (Jn 17, 15-19). La muerte, en cambio, es una pérdida de experiencia del mundo. Jesús, por lo tanto, quiere vivir porque ama esta experiencia y porque su palabra la ha glorificado.

Getsemaní es la hora de la agonía, de la condición inerme, del abandono absoluto, es la hora de la angustia sin nombre, porque es la hora en la que la vida de Jesús debe separarse *del* mundo. De ahí que, como le sucede a todo hombre cuando una prueba le parece demasiado grande, la primera y humanísima invocación que dirige a sus discípulos sea: «quedaos aquí y velad conmigo» (Mt 26, 38). Le apremia la necesidad de no sentirse solo en la noche, pide que estén a su lado aquellos a quienes más aprecia: Juan, Santiago y Pedro. Siente que carece de fuerzas suficientes para soportar el peso de la muerte que se avecina. Solicita, invoca, requiere la presencia de sus compañeros, les pide que compartan con él la vigilia, que no le dejen solo. No es aquí Dios el que suplica, sino el hombre. ¿No es acaso esta la más humana de las peticiones? ¿No es la misma petición que los niños inquietos hacen a sus padres frente en la angustia de la oscuridad? «¡Quédate aquí, acompaña mi descanso, no te vayas!»

No deja de impresionar tal indefensión, que se exhibe en su forma más simple y dramática en el hijo de Dios. Jesús no pide a sus discípulos que lo salven de su destino, que le busquen una vía de fuga, no les pide que se inmolen en su defensa. Le bastaría con que no lo dejaran solo para soportar el peso de esa noche, le bastaría con que velaran su sueño atormentado. Su petición es mínima, pero aun así se ve defraudada. Al levantarse después de haber estado inmerso en su dolor, Jesús se percata de que los discípulos lo han dejado solo y se han quedado plácidamente dormidos. No han sabido resistir al sueño que los vencía justo en el momento en el que su maestro les pide que se queden con él, que no lo abandonen. Su constatación es amarga: «¿Conque no habéis podido velar una hora conmigo?» (Mt 26, 40).

El sueño de los discípulos es otra figura de la traición. Tu hermano es incapaz de permanecer a tu lado en la hora de tu crisis, de tu caída, de tu abandono. No sabe resistir al sueño. No pasa ni una hora siquiera y los discípulos están ya todos dormidos. La carne (débil) se desvincula del espíritu (fuerte). Nadie está en condiciones de compartir la soledad y la angustia de Jesús. La escena se repite también en esta ocasión, no por casualidad, al igual que en la traición de Pedro, tres veces en total.

Pedro, Santiago y Juan, que presenciaron la transfiguración de Jesús –su diálogo directo con Dios–, su elevación a los cielos, asisten ahora a la caída de Jesús, a su castración. Su maestro está trastornado, desconcertado y el horror de la muerte está cada vez más cerca. Pero el primer alejamiento doloroso sigue siendo el que le separa de sus hermanos, de sus discípulos, de los hombres. Es la soledad extrema —el abandono absoluto— que todo maestro conoce. Los discípulos no pueden tolerar la castración del Maestro, su imperfección, su humanidad. Por eso se refugian en el sueño; no quieren ver a su Ideal caer en el polvo. Llega siempre un momento donde formar equipo con sus discípulos pierde sentido y el maestro se ve confrontado con la soledad de su vida sin tener ya a nadie cerca. La palabra de Jesús, que era capaz de reunir a las gentes, a multitudes, que conseguía animar la esperanza de los pobres y de los desheredados, ha quedado reducida ahora al silencio. En la noche de Getsemaní no hay nadie ya a su lado. Ha de vivir la experiencia de la ausencia y de la soledad justo en el momento en el que es él quien se ve pidiendo ayuda y no ya atendiendo la solicitud de ayuda de personas necesitadas. Sus discípulos no quieren asumir el peso de la soledad de su maestro. En la barca a merced de la tormenta, como en tantas otras ocasiones, fue Jesús quien salvó a los suyos, poseídos por el miedo a la muerte. En esa ocasión no fueron los discípulos quienes cayeron dormidos, como ocurre en cambio en la noche de Getsemaní, sino él mismo. La diferencia es que el sueño de Jesús en la barca no significa que abandone a los suyos a la muerte. En efecto, en aquella ocasión lo despertaron angustiados: «Maestro, ¿no te importa que perezcamos?». Y Jesús no tarda en darles respuesta apaciguando el viento y el mar. Pero añade, dirigiéndose a ellos, una pregunta decisiva: «¿Por qué estáis con tanto miedo? ¿Cómo no tenéis fe?» (Mc 4, 38-40). ¿No es acaso la fe la que quita el miedo a la muerte? ¿No es la fe la que vence a los poderes más oscuros?

En el huerto de Getsemaní, por el contrario, es Jesús quien se halla a merced del mar y del viento, quien experimenta el miedo a la muerte, sin tener en cambio a nadie a su lado. Cuando el Maestro ha perdido su gloria y está destinado a ser prendido y asesinado como un simple malhechor, los discípulos lo dejan solo. Ni siquiera son capaces de velar su sueño. No quieren ver la experiencia inexorable de la pérdida que está encarnando Jesús. Quieren seguir soñando con el Jesús que entra en la ciudad de Jerusalén entre los Hosannas jubilosos de su pueblo. No quieren ver la muerte del Maestro, su distancia abismal del cielo del Padre. No quieren tener contacto con la herida del hijo abandonado por el padre.

# LA PRIMERA PLEGARIA DE JESÚS
# Y EL SILENCIO DE DIOS

Postrado y afligido, perdido en la angustia, Jesús se vuelve hacia su padre –«¡Abbá, Padre!», según Marcos (Mc 14, 36)– con una plegaria. Según Mateo, ora postrado con el «rostro en tierra» (Mt 26, 39). Así, de esta manera radical se desvela la esencia de la palabra. La raíz última de la palabra es, en efecto, la plegaria porque no hay palabra –como demuestra el propio acto de la plegaria– que no sea una invocación dirigida al Otro. La palabra, en su fundamento último, como bien explica asimismo Lacan, ¿no es acaso siempre una invocación, no se dirige siempre hacia el Otro? En este sentido, en el silencio al que se ve traumáticamente obligada en Getsemaní, la palabra puede revelar su estructura más profunda, que es la de ser una apertura al misterio del Otro, la de ser el sacramento del Otro, la Ley más propia del Otro.

A través de la difícil angostura del silencio es por donde debe pasar la palabra de Jesús; cruzar el silencio «inhumano» de Dios. Él vive la raíz última de la palabra al hallarse en la posición de quien invoca al Otro. Pero Dios –su Padre– no responde. ¿Cómo es esto posible? Se trata del escándalo del cristianismo: ¿puede Dios no responder a Dios? ¿Y qué clase de Dios es un Dios que suplica a Dios? ¿Puede un Dios rezar? Los dioses no rezan, solo los hombres rezan. ¿No resulta entonces una figura paradójica, inconcebible, absurda, la del Dios que reza? Chesterton lo recuerda cuando cuenta que en una visita que hizo a Jerusalén un chico que lo acompañó a Getsemaní le dijo: «Este es el lugar donde Dios dijo sus oraciones».[19]

Jesús reza no como un Dios, sino como un hombre que se vuelve hacia Dios vivido como Padre. Lo más desconcertante en Getsemaní es el silencio de Dios ante esa invocación. Es el silencio del Padre ante la palabra invocadora del hijo. Doble silencio, por lo tanto: los discípulos perdidos en su sueño aturdido –parecido a aquel en el que se hunde el profeta Jonás– y el Padre en rebeldía que no escucha el lamento de su hijo. Un silencio tremendo se crea entre el Maestro y sus discípulos, así como entre el hijo y el Padre.

Cuando la plegaria no encuentra respuesta alguna, adopta la forma de grito. En una de las últimas películas de Martin Scorsese, titulada, no por casualidad, *Silencio* (2016), Dios coincide, hasta cierto momento de la narración por lo menos, con el silencio más absoluto y obstinado frente al grito-llamamiento de sus fielesmártires que invocan su intervención y su salvación.[20] Dios no responde más que con el silencio. Es el mismo silencio ensordecedor que encontramos en la noche de Getsemaní. El silencio de Dios, tan ensordecedor como pudo resultar ante la atrocidad de la Shoah o como resulta ante la muerte de niños inocentes que nos son arrebatados por enfermedades incurables. En estos casos y en todas las ocasiones en las que la vida se ve sometida a un dolor carente de sentido, el silencio de Dios se nos aparece siempre como insoportable e inhumano.

La plegaria desesperada de Getsemaní vuelve también en la fase más sangrienta de la pasión del Cristo crucificado. En ese momento la invocación de Dios retoma la de los Salmos (22, 2): «Dios mío, Dios mío, ¿por qué me has abandonado?» (Mt 27, 46; Mc 15, 34). Pero el silencio de Dios se muestra en su naturaleza más escandalosa en la noche de Getsemaní precisamente porque es en esa ocasión cuando Jesús vive, por primera vez en su vida, la experiencia del silencio del Padre. Hasta entonces, de hecho, el Padre siempre había estado próximo a él, siempre lo había apoyado, siempre había respondido a sus llamamientos. Este silencio arraiga a Jesús aún más en el hombre, lo revela, mejor dicho, como radicalmente humano, y expuesto, en consecuencia, como están todos los hombres, al silencio de Dios.

Jesús ora al Padre pidiéndole que interrumpa la Ley, para dar cabida a una excepción, para considerarlo realmente como hijo único. Aún más: le pide contradecir su destino, modificar la historia ya escrita, salvar su vida singular de la muerte. El Dios bíblico, en efecto, es el Dios que puede suspender la Ley, como ocurre, por ejemplo, en la escena del sacrificio de Isaac: es un Dios que habla y, sobre todo, es un Dios que responde. El Dios bíblico no se parece en absoluto a los dioses o a los oráculos del mundo griego que leen el carácter inmutable del destino, sino que es un Dios dispuesto a corregirse a sí mismo, a doblegar la dureza de la Ley en beneficio de la Ley del amor.

Jesús ora al objeto de que le sea permitido ser él mismo una excepción a lo que ya ha sido escrito, una excepción a la Ley. ¿Está traicionando acaso con esta plegaria su deseo? ¿Está faltando a su vocación? Jesús, al pedir la suspensión de la Ley (de la muerte) en nombre de otra Ley (de la vida), es un Jesús radicalmente hombre que rechaza la inhumanidad de la propia Ley.[21] Este Dios, que es su padre, ¿no debería dar una prueba con la renuncia a su decisión –ofrecer a su único hijo en sacrificio para redimir a la humanidad del pecado–, no debería acaso suspender, como ya hizo con Abraham, la aplicación inhumana de la Ley? Lo que Jesús pide con su primera plegaria al Padre es cambiar su propio designio. Esta súplica suya resulta de una coherencia extrema con su predicación: ¿o es que la Ley del Padre no es acaso la que es por saber captar la excepción, por saber conceder espacio al perdón, a la gracia, por saber, en definitiva, interrumpir la Ley? ¿No es eso lo que ocurre innumerables veces en los Evangelios, por ejemplo, con la historia de la adúltera contada por Juan (Jn 8, 1-11) o con la figura del hijo pródigo de la parábola de Lucas (Lc 15, 11-32)? ¿Y no es esa la propia tarea que Jesús se marca en su propia predicación: llevar a cumplimiento la Ley (Mt 5, 17-20)? ¿Sustraer la Ley del espíritu de venganza, emancipar la Ley de la pesadilla del sacrificio y del castigo en nombre del amor?[22]

# LA SEGUNDA PLEGARIA DE JESÚS

En la soledad de Getsemaní hay, con todo, dos formas fundamentales para Jesús de entender y practicar la plegaria. Una forma es la de la súplica que dirige de inmediato a Dios en su primera plegaria, para que le dispense de beber hasta apurarlo el amargo cáliz de su pasión, para que le permita seguir viviendo, para que no le exija el sacrificio de su vida. Pero la súplica del hijo está destinada, como sabemos, a caer en saco roto. En Getsemaní, Jesús ocupa la misma posición que Job: no hay respuesta a su llamada de socorro, no hay palabra de Dios que rompa el silencio del cielo.[23]

Bonhoeffer, en una carta de importancia capital, contenida en su obra *Resistencia y sumisión*, aborda a su manera la experiencia de la plegaria de Jesús en el huerto de Getsemaní. Su punto de partida es que el acto de honradez más profundo de un ser humano consiste en aceptar vivir plenamente *en el* mundo. No ser completamente *del* mundo, sino estar, al mismo tiempo, completamente *en el* mundo. Y este estar *en el* mundo –plenamente *en el* mundo– implica la ausencia de Dios, una ausencia que se revela precisamente en la angustia y en la plegaria de Jesús. «Cristo nos ayuda», comenta Bonhoeffer, «no en virtud de su omnipotencia, sino en virtud de su debilidad y su sufrimiento».[24] Cuando Jesús pregunta a sus seguidores: «¿no habéis podido velar una hora conmigo?», está invirtiendo traumáticamente toda representación teocéntrica de Dios. No hay religión alguna que pueda pensar a Dios de esta manera. Jesús vive la experiencia del abandono, de la traición y de la muerte injusta. Su posición es la misma que la de Abraham ante la llamada de Dios; es la misma de Job ante la experiencia insensata del mal que no encuentra explicación. No es casualidad que hallemos precisamente en Abraham y en Job una prueba tan radical y extrema como la que Jesús debe afrontar en la noche de Getsemaní. Jesús pide a su padre que aparte el cáliz de la muerte; su petición no es que le otorgue fuerzas para aceptar la muerte, sino que le permita librarse de ella. Jesús no es Sócrates: no coloca el *logos* más allá de la vida.

Como hemos visto, esta es la primera plegaria, la más humana, de Jesús. Pero no es la única modalidad de plegaria, no es la única plegaria de Jesús en Getsemaní. Frente al silencio de Dios ante la plegaria como súplica e invocación, él vuelve, por enésima vez, a dirigirse al Padre, pero esta vez su postura es diferente. La

90

«segunda plegaria» de Jesús es otra forma de plegaria. El silencio del Otro le obliga a modificar su posición, le obliga a buscar la Ley en su propio corazón, no a buscar la Ley en el lugar del Otro. En su «segunda plegaria» ya no pide suspender la Ley, sino que exige su asunción:

> Y alejándose de nuevo, por segunda vez oró así: «Padre mío, si esta copa no puede pasar sin que yo la beba, hágase tu voluntad» (Mt 26, 42).

Lo que instituye el valor de la palabra —como nos explica Lacan— nunca es solo el nivel de sus enunciados, sino el nivel singular (ético) de su enunciación. En la segunda plegaria, la enunciación de Jesús se recoge en el más profundo silencio, se realiza en la libre elección de adherirse a su propio destino, de elegir de nuevo, una vez más, frente al silencio de Dios, la herencia que el Padre le ha confiado.[25] Jesús parece haber dado un giro vertiginoso frente al agujero que ese silencio ha introducido traumáticamente en el seno de la Ley. Y como apogeo de ese giro es capaz, en lugar de invocar la interrupción de la Ley por parte del Padre, de subjetivar esa misma interrupción eligiendo donar su vida, no a una Ley que actúa contra la vida, sino a una Ley cuya tarea es la de afirmar la vida más allá de la Ley. De afirmarla radicalmente —más allá de la Ley y más allá de la muerte— precisamente porque la conduce hasta las entrañas de la muerte.[26] Esta es la dirección definitiva que adquiere su plegaria. Ante el silencio del Padre, él no responde ni con el odio ateo, ni con el desencanto resignado, ni con la creencia religiosa ni, en última instancia, con la súplica de la primera plegaria. De hecho, la nueva plegaria se hace posible precisamente por el silencio de Dios; es la respuesta final de Jesús al silencio de Dios. No pretende romper ese silencio, sino que brota de él. Es la frustración de la súplica lo que genera la posibilidad de la segunda plegaria. Por tal razón puede escribir Bonhoeffer, paradójicamente, que el ateo –aquel que vive la experiencia de la ausencia de Dios, de su silencio– está mucho más cerca de Dios que el hombre de fe porque el «Dios que está con nosotros es el Dios que nos abandona». Y por esta razón, prosigue Bonhoeffer, «ser cristiano no significa ser religioso, significa ser hombre».[27]

Jesús en Getsemaní –como Job, pero *más allá* de Job– experimenta la plegaria como una encomienda al misterio de Dios más que a sus palabras. No tiene la intención de promover ningún sacrificio personal, no doblega la vida al deber de la Ley, sino que se confía, ante la prueba de la muerte, a la voluntad inescrutable del Padre: «no sea lo que yo quiero, sino lo que quieres tú» (Mc 14, 36), «no se haga mi voluntad, sino la tuya» (Lc 22, 42). Pero ¿qué significa esta encomienda final? ¿Jesús es entregado o se entrega a la voluntad del Padre? ¿Se somete a la entrega o vive la entrega como una tarea

92

definitoria de su propia vida? El pan y el vino son el cuerpo y la sangre de Cristo. Ahora bien, convertirse en «cordero» pascual ¿significa inmolarse en el altar del sacrificio? Derramar la propia sangre ¿coincide con un acto de expiación o con una donación que se revela excesiva? El sacrificio pascual ¿es realmente un sacrificio? El regalo del pan y del vino, es decir, de su propio cuerpo, ¿puede quedar reducido realmente a un dispositivo sacrificial, a un fantasma abiertamente masoquista?[28]

«Mi tiempo [*kairos*] está cerca» (Mt 26, 18), afirma Jesús poco antes del comienzo de su pasión. Su pretensión es cambiar la forma de entender la Ley; no se siente sometido a una Ley que no responde y no perdona, sino que encuentra, en última instancia, solo en sí mismo su propia Ley, la Ley de su propio deseo. De esta manera, Jesús, como escribe Pablo, no padece la muerte, sino que *se entrega a sí mismo* (Gal 2, 20) a la Ley. Con esta sutil pero profunda diferencia, el gesto de Jesús no es en absoluto un gesto sacrificial, sino un gesto que, desde la noche de Getsemaní, mucho antes del suplicio del prendimiento, del juicio, del Calvario y de la crucifixión, libera la Ley de la sombra mortífera del sacrificio.

En su segunda plegaria, Jesús invierte la relación con la Ley: asume la Ley como verdad de su propio deseo sin someterse ya a la violencia de la Ley. Su obediencia a la Ley coincide con la obediencia a su propio deseo. Este es el giro inaudito que introduce la segunda plegaria. Jesús se libera de la espera de la respuesta del Otro y de la creencia en la existencia del Otro del Otro como Otro de la respuesta. Así puede cruzar el fantasma de la primera Ley –la patibularia-sacrificial– para alcanzar una nueva versión de la Ley –la de la entrega de uno mismo, la de la asunción de la Ley del propio deseo.

Pero mientras él está absorto en llevar a cabo esta difícil y decisiva torsión, al ir a ver a sus discípulos, que deberían haber estado velando por él a corta distancia, los encuentra por enésima vez dormidos: «Volvió otra vez y los encontró dormidos, pues sus ojos estaban cargados» (Mt 26, 43). Es de subrayar que solo en la más total soledad (abandonado por Dios y por sus discípulos) es cuando realmente puede realizar Jesús esta nueva introyección de la Ley. Se trata de un testimonio a todos los efectos: él mismo es viva demostración de lo que puede ser una Ley diferente a la Ley que se impone al hombre como yugo opresivo, pero también de la espera de la Ley como respuesta del Otro. Lo que está en juego es la existencia de una Ley que exige la obediencia, no a su voluntad de muerte, ni a la respuesta del Otro, sino al deseo más radical del sujeto que coincide con la alteridad del destino que habita en él, es decir, con su encomendarse al Otro. Entregar la vida al propio deseo no significa solo emancipar la Ley del deber-ser como sacrificio del propio ser, sino también asumir la ausencia de Dios, el ateísmo como condición de hecho del hombre, la inexistencia del Otro del Otro, del Otro de la respuesta. Significa comprender que, en la forma humana de la vida, el ser entregado al Otro es una estructura ontológica fundamental propia.[29]

Mi vida está entregada a sí misma, a la alteridad que la habita, a su labor ética, a la Ley y a la trascendencia de su propio deseo. En este sentido, Jesús *se entrega a su ser-entregado*, decide confiarse a su propio destino, se somete a la voluntad del Padre. Su responsabilidad consiste en transformar la pulsión sacrificial en un acto de absoluta donación de sí mismo. Se trata de un pasaje vertiginoso: no se somete simplemente al poder predictivo de las Escrituras –«todo ya estaba escrito»–, sino que genera una nueva escritura: *asumiendo su propia vida como entregada, la libera de toda entrega*.

Tal vez sea esta la enseñanza más elevada que mana de la noche de Getsemaní. La segunda plegaria de Jesús es el resultado de un *desarme absoluto*. El Yo se inclina ante una alteridad que lo supera, acoge la Ley del deseo como destino. Por esta razón, la «obra buena» de la mujer de Betania valía más que la de todos sus discípulos. Mientras ella reconocía la vida de Cristo como «entregada» y le ofrecía cuanto le resultaba posible más allá de todo cálculo y de todo ahorro, el traidor, respaldado por algunos más de sus discípulos, favorecía la crítica política. Jesús se comporta exactamente igual que esa mujer: ofrece la vida que ama infinitamente en un gesto de donación excesivo, subversivo, ilimitado. Él, en la tupida oscuridad de la noche de Getsemaní, no tiene en cuenta el coste de su acto, sino tan solo su acto, el valor absolutamente inmanente de su propio acto.

Para liberar al hombre del miedo a la muerte y de la interpretación sacrificial de la Ley, es necesario un último paso. Jesús ora y en su segunda oración capta una verdad última: no se trata de solicitar la suspensión de la Ley, sino de *confiarse a la Ley, que es la Ley del Padre más allá del sacrificio*. La fe surge no porque Dios envíe «signos» –como diría Pablo– o porque inspire miedo con su presencia y con su mirada severa, sino precisamente *porque está ausente y no responde*. Esta es la paradoja extrema que se abre de par en par en el huerto de Getsemaní mientras todos sus discípulos permanecen encerrados en su sueño aturdido y Judas el traidor lo vende a los sacerdotes del templo.

La fe más radical no surge de la presencia, sino de la ausencia de Dios. Por esta razón, como ya he recordado, puede escribir Bonhoeffer que aquellos que están «sin Dios» están más cerca de Dios. El ateo que duda, que vive la experiencia radical de soledad, se parece más al Jesús de Getsemaní que el creyente que no conoce el drama de la duda. Ser cristianos, nos recuerda además Bonhoeffer, no significa confiarse a la religión, sino simplemente ser hombres, es decir vivir la experiencia de la inexistencia del Otro del Otro, del silencio absoluto de Dios.[30]

La enseñanza de Getsemaní nos muestra que estar sin Dios significa estar más cerca de Dios y que la experiencia de la ausencia de Dios acerca paradójicamente al hombre a Dios. Pero esta cercanía no es simplemente consoladora. Lo que encontramos en ella es, sobre todo, la experiencia más profunda de la plegaria. La cúspide de la plegaria no es la recuperación de las fuerzas por parte del Yo para sustentar una prueba difícil, sino un acto de desarme, de entrega, de ofrecimiento sin condiciones más allá del Yo.

«No se haga mi voluntad, sino la tuya», así concluye Jesús su tormento. De esta manera, el Yo cede, retrocede, se confía al Otro, aunque el Otro —y esta es la prueba definitiva— no conteste. En efecto, no hay presencia alguna de Dios en Getsemaní, si no es bajo la forma de su ausencia más radical. Solo en Lucas tenemos la aparición de un ángel enviado por Dios, como en un gesto extremo de *pietas*, para consolar a su propio hijo (Lc 22, 43). Un resto del cielo que cae al suelo, un residuo de la presencia disuelta del gran Otro.

# NOTAS

1. Véase Pier Paolo Pasolini, *Trasumanar e organizzar* (1971), Garzanti, Milán, 2002. (Hay traducción española: *Transhumanar y organizar*, trad. de Ángel Sánchez-Gijón, Visor, Madrid, 1981.)

2. Véase Jacques Lacan, *Il Seminario. Libro VII. L'etica della psicoanalisi (1959-1960)*, Einaudi, Turín, 2016, p. 155. (Hay traducción española: *El seminario, 7. La ética del psicoanálisis 1959-60*, trad. de Diana S. Rabinovich, Paidós, Buenos Aires, 1988.)

3. Véase *idem, Il Seminario. Libro VIII. Il transfert (1960-1961)*, Einaudi, Turín, 2016. (Hay traducción española: *Seminario 8: La transferencia*, trad. de Enric Berenguer, Paidós, Buenos Aires, 2003.)

4. Véase *idem, Il seminario. Libro X. L'angoscia (1962-1963)* Einaudi, Turín, 2007, p. 109. (Hay traducción española: *El seminario. Libro X. Angustia (1962-1963)*, trad. de Enric Berenguer, Paidós, Buenos Aires, 2006, p. 176.)

5. Todos estos interrogantes constituyen el núcleo de mi

libro *Contro il sacrificio. Al di là del fantasma sacrificale*, Raffaello Cortina, Milán, 2017.

6. «Yo soy la puerta; si uno entra por mí, estará a salvo; entrará y saldrá y encontrará pasto» (Jn 10, 9).

7. Jacques Derrida, *Donare la morte* (1999), Jaca Book, Milán, 2002, p. 87. (Hay traducción española: *Dar la muerte*, trad. de Cristina Perretti y Paco Vidarte, Paidós, Barcelona, 2006.)

8. Para profundizar en todos estos temas, remito de nuevo a Recalcati, *Contro il sacrificio*, *op. cit.*

9. Véase Gn 3, 1-13. En relación con estos versículos sigue siendo imprescindible el comentario de Pierangelo Sequeri, *Il timore de Dio*, Vita e Pensiero, Milán, 1993, pp. 51-72.

10. Platón, *Apologia di Socrate*, en *Tutte le opere*, ed. G. Pugliese Carratelli, Sansoni, Florencia, 1988, pp. 26-41. (Hay traducción española: *Apología de Sócrates*, en Platón, *Diálogos*, I, trad. de J. Calonge Ruiz, Gredos, Madrid, 1985, pp. 148-186.)

11. Lacan, *Il Seminario. Libro VIII*, *op. cit.*, p. 108.

12. La primera que interpretó la figura de Jesús a partir de la fuerza del deseo fue Françoise Dolto, *I Vangeli alla luce della psicoanalisi. La liberazione del desiderio* (1977), Milán, 2012. (Hay traducción española: *El evangelio ante el psicoanálisis*, trad. de E. de Merlo, Cristiandad, Madrid, 1979.)

13. La disputa histórica acerca de si Judas pertenecía o no a los zelotes (movimiento patriótico-religioso que interpretaba el mesianismo como liberación política de la tierra palestina del dominio romano) es objeto de controversia y no tiene cabida en los límites de mi reflexión. Véase Martin Hengel, *Gli zeloti. Ricerche sul movimento di liberazione giudaico dai tempi di Ero-*

*de I al 70 d.C.* (1961), edición de G. Firpo, Paideia, Brescia, 1996.

14. Véase Jacques Lacan, *Il Seminario. Libro XX, Ancora (1972-1973)*, Einaudi, Turín, 2011, p. 67. (Hay traducción española: *El Seminario. Libro 20. Aún,* trad. de Diana Rabinovich, Paidós, Buenos Aires, 1985.)

15. En esta cita el autor se desvía de su fuente bíblica habitual (*La Sacra Bibbia,* Conferencia Episcopal Italiana, 2008) para ofrecer la versión de *I Vangeli. Marco Matteo Luca Giovanni,* ed. G. Gaeta, Einaudi, Turín, 2006, p. 323. La traducción de la *Biblia de Jerusalén,* sin embargo, se atiene a esta última versión. *(N. del T.)*

16. A propósito de este rasgo fundamental de la relación de Jesús con la dimensión sensual e inmanente de la vida, remito, entre otras posibles referencias, a la articulada lectura que Enzo Bianchi ha ido desarrollando de la figura de Jesús. Véase, por ejemplo, Enzo Bianchi, *Gesù e le donne,* Einaudi, Turín, 2016. (Hay traducción española: *Jesús y las mujeres: una insólita visión del mundo femenino a través de las palabras de Jesús,* trad. de Maria Pons Irazazábal, Lumen, Barcelona, 2018.)

17. He tratado de resaltar el carácter subversivo de esta predicación suya antisacrificial en Recalcati, *Contro il sacrificio, op. cit.*

18. *Le parole dimenticate di Gesù,* edición de M. Pesce, *Vangelo degli Ebioniti,* Mondadori, Milán, 2004, p. 111. (El *Evangelio de los doce o de los Ebionitas* puede leerse en *Los Evangelios Apócrifos,* edición y traducción de Aurelio de Santos Otero, BAC, Madrid, 1984, pp. 47-53; la cita en la p. 52.)

19. Gilbert Keith Chesterton, citado en Slavoj Žižek, *La paura di quattro parole: un modesto appello per una lettura hegeliana del cristianesimo*, en Slavoj Žižek y John Milbank, *La mostruosità di Cristo* (2009), Transeuropa, Massa, 2010, p. 95.

20. En *Silencio*, Dios habla, en realidad, rompiendo su silencio, pero solo cuando uno de los dos jóvenes monjes jesuitas misioneros en Japón, después de haber visto a sus fieles asesinados despiadadamente, decide abjurar para salvar su vida y la de sus demás hermanos, quienes de lo contrario habrían muerto (innecesariamente) con él, sacrificados por la Causa. En esencia, Dios solo habla cuando el monje portugués es capaz de situar la vida como «insacrificable» a todo Dios y a toda religión, cuando, en otras palabras, la vida del «prójimo» se sitúa, en cuanto tal, en lugar de Dios, revelándose precisamente en su condición «insacrificable». La plegaria, por lo tanto, no se limita a atender los votos de quien ora, sino que modifica profundamente su postura, permitiéndole obtener otra visión de las cosas. Véase Dietrich Bonhoeffer, *Imparare a pregare*, Qiqajon, Magnano (BI), 2015.

21. Jesús no convoca a los hombres a una nueva religión de la Ley, sino a la condición «insacrificable» de la vida frente a toda posible versión de la Ley. Por esta razón, evita que la discordia generada en el momento de su prendimiento degenere en un conflicto armado entre religiones opuestas. Al invitar al discípulo (¿Pedro?) que pretendía protegerlo de los soldados a volver a meter la espada en la vaina, muestra que el Dios cristiano no exige ninguna clase de guerra en su nombre. Al contrario, Jesús asume subjetivamente el paso de una donación sin reservas en nombre de la Ley de su deseo. No quiere hacer que otros paguen

102

por las consecuencias de sus decisiones. En este sentido puede asistir a la fuga espantada de sus discípulos frente a sus verdugos sin pretender que emprendan acción alguna en su defensa.

22. Véase Recalcati, *Contro il sacrificio, op. cit.*

23. La relación entre Jesús y Job constituye, no por casualidad, el núcleo de la lectura propuesta por Carl Gustav Jung, *Risposta a Giobbe* (1952), Bollati Boringhieri, Turín, 2007. (Hay traducción española: *Respuesta a Job*, trad. de Rafael Fernández Maruri, Trotta, Madrid, 1979.) Sobre la figura de Cristo como respuesta para Job, véanse también las observaciones de Žižek, *La paura di quattro parole, op. cit.*

24. Dietrich Bonhoeffer, *Resistenza e resa. Lettere e altri scritti dal carcere*, en *Opere di Dietrich Bonhoeffer*, vol. VIII, Queriniana, Brescia, 2002, p. 498. (Hay traducción española: *Resistencia y sumisión: cartas y apuntes desde el cautiverio*, trad. de Constantino Ruiz-Garrido, Sígueme, Salamanca, 2008.)

25. Martin Heidegger, *Essere e tempo* (1927), Longanesi, Milán, 1976, pp. 460-461, formula la paradoja de este movimiento singular: *escoger su propia herencia*. (Hay traducción española: *El ser y el tiempo*, trad. de José Gaos, Fondo de Cultura Económica, Madrid, 1971.)

26. Recordemos las últimas palabras de Jesús acerca del «juicio universal», recogidas por Mateo, que preceden al ciclo de la pasión. En este juicio, el Hijo del Hombre separará a los hombres: por un lado, aquellos que han sido dignos de recibir la «herencia del Reino» ofreciendo hospitalidad al forastero, al pobre, al enfermo, al sediento, al hambriento; aquellos que no retrocedieron ante el *eteros*. A la derecha del Señor estarán, por lo tanto, los

«benditos», aquellos que supieron vivir la experiencia de la carencia y del amor. Por otro lado, en cambio, a la izquierda del Señor están los «malditos», los que no fueron capaces de interpretar de manera correcta la herencia del Reino, que renegaron de la carencia y del amor. Para los primeros, el rostro de Dios se ha confundido con el de su prójimo; vieron al Padre en el Hijo y a Dios en el hombre. Hicieron al hombre lo que Dios pide que se le haga a él. Los otros, por el contrario, se negaron al hombre y por lo tanto se negaron a Dios, perdiendo la oportunidad del Reino. El juicio de la Ley parece despiadado y no conoce el perdón. La culpa de los «malditos» es la de no haber amado, la de haber rechazado la carencia en todas sus figuras. El «juicio universal» separa a los unos de los otros, a las ovejas blancas de las negras. Los salvados son los más débiles o, mejor dicho, aquellos que mantuvieron una relación de amistad con la carencia, los más vulnerables (Mt 25, 31-46). Quizá fuera conveniente hacer esta imagen más plástica desde un punto de vista laico; considerar que los confines que nos separan a los unos de los otros no son en realidad una barrera rígida y segregadora, sino más bien un lugar de transición, de pasaje, de manera tal que podamos haber estado a un lado antes y luego al otro o, mejor dicho, que el estar a un lado o a otro no sea nunca una condición del ser, sino solo una forma de existencia.

27. Bonhoeffer, *Resistenza e resa, op. cit.*, pp. 498-499.

28. Es el error macroscópico que en su lectura de la pasión de Cristo comete por desgracia Lacan, *Il Seminario. Libro X., op. cit.*, pp. 178-180.

29. Ha sido Lévinas, probablemente, quien ha desarrollado

mejor que nadie, en estrecha relación con la lectura del texto bíblico, este tema del ser entregado, remitido al Otro. Véase, por ejemplo, Emmanuel Lévinas (1968), *Quattro letture talmudiche,* il melangolo, Génova, 2000. (Hay traducción española: *Cuatro lecturas talmúdicas,* trad. de Miguel García-Baró, Riopiedras, Barcelona, 1996.)

30. Véase Bonhoeffer, *Resistenza e resa, op. cit.,* p. 499.

# ÍNDICE

Impreso en Talleres Gráficos
LIBERDÚPLEX, S. L. U.,
ctra. BV 2249, km 7,4 - Polígono Torrentfondo
08791 Sant Llorenç d'Hortons